케이팝 한글 단어로 시작하는

최신 한글 학습서

케이팝 팬

글 이영호

마지원

이 도(李 裪), 전주 이씨

1397년 5월 15일(음력 4월 10일) ~ 1450년 3월 30일(음력 2월 17일)

　태조 이성계의 다섯째 아들이자 조선 제3대 국왕인 태종(정안군/이방원(李芳遠))과 민씨(원경왕후)의 셋째 아들로, 한성 준수방(서울 종로구 통인동)에서 출생. 재위 31년 동안 수많은 공을 남겨 조선을 대표하는 최고의 성군으로 인정받음.

　조선 제4대 국왕(재위: 1418년 9월 9일 ~ 1450년 3월 30일)
　1443년 훈민정음(訓民正音) 창제, 1446년(세종 28년) 9월 10일 훈민정음 반포.

| 자료 출처 | 세종 [世宗] 왕조의 문화적 기틀을 세우다 [우리역사넷]

https://contents.history.go.kr/mobile/kc/view.do?levelId=kc_n305800

	글	쓴	이				
			이	영	호		

전주 이씨.

대학생 시절부터 대한민국 문화체육청소년부 관련 국제청소년광장, 세계한민족체전(문화행사), 아세안 청소년지도자회의 등 여러 국제행사에 인연을 맺어 오면서 세계 여러 국가를 여행하던 중, 세계 미래 세대의 언어 소통과 문화 교류의 중요성을 체감해 한글을 통한 세계 문화 교류를 바라며 이 책을 집필하였습니다.

주요 저서로는, 초등학생 자녀를 둔 학부모들의 영어 공부를 위한 '새론이 엄마가 영어하네(YBM시사영어사)'와 모든 국민이 훈민정음 해례본을 소장하게 하기 위한 '국민보급형 훈민정음 해례본(달아실출판)' 등이 있습니다.

그 외, 문화체육관광부 한국출판문화산업진흥원 2014년 우수출판콘텐츠제작지원 선정작 '잃어버린 우리 문화재를 찾아서(일본 편)'와 2016년 우수출판콘텐츠제작지원 선정작 '표절이란 무엇인가' 등의 작품을 기획하고 집필했습니다.

이 책은 케이팝, 한국 드라마, 한국 영화가 세계에서 인기를 얻으며 많은 해외 한류 팬들이 한국을 방문하거나 한국에 대한 관심을 높여가는 상황에서 세계 각 국가의 외국인들이 '훈민정음 해례본'을 통해 한글의 과학적 창제 원리를 이해하고 재미있게 한글을 배우고 익힐 수 있도록 구성하고자 노력했습니다.

또한, 이 책은 쉬운 설명과 1 : 1 개인별 맞춤 학습 방식으로 구성하여 국내외 어린이를 포함하여 학부모도 눈높이에 맞춰 재미있고 쉽게 한글을 익힐 것으로 기대합니다.

'훈민정음'과 한글날

　10월 9일 한글날은 세종대왕이 1446년에《훈민정음》해례본을 통해 훈민정음을 반포한 날을 기리는 날입니다.《훈민정음》해례본은 역사 기록으로만 그 존재가 전해지다가 1940년 경상북도 안동에서 발견되었습니다.

　《훈민정음》해례본에 의하면 세종대왕은 1446년 음력 9월 상순에 '훈민정음 해례본'을 펴냈습니다. 조선어학회에서는 상순(1일부터 10일)의 마지막 날인 음력 9월 10일을 훈민정음 반포일로 정하고, 1945년부터 음력을 양력으로 바꿔 양력 10월 9일을 한글날로 기념하게 되었습니다.

　《세종실록》1443년 12월 30일자에 "이달에 임금이 친히 언문 28자를 지으셨다."라는 기록이 있어 1443년 12월에 한글이 창제된 것을 알 수 있습니다.

　《훈민정음》해례본은 훈민정음을 한문으로 해설한 책으로서 한글의 창제 원리를 포함하여 글자를 사용하는 다양한 예들이 실려 있습니다.《훈민정음》해례본의 앞부분 '정음편(예의편)'은 세종대왕이 지었고, 뒷부분 '정음해례(해례편)'는 집현전 학사 정인지, 최항, 박팽년, 신숙주, 성삼문, 이개, 이선로, 강희안 등 여덟 명이 함께 지었습니다.

　세종대왕이 직접 펴낸 초간본(목판본)은 간송 전형필이 구입하여 간송미술관(서울 성북구)에서 보관하고 있으며, 1962년에 대한민국 국보 제70호로 지정되었고 1997년에는 유네스코 세계 기록 유산으로 등재되었습니다.

| 자료 출처 | 누구나 알아야 할 한글 이야기, 문화체육관광부(http://www.mcst.go.kr)

'훈민정음'은
지혜로운 사람은 반나절(3시간)이면 충분하고
늦어도 10일이면 배울 수 있다.

표현하지 못할 말이 없고,
어디에서든 통하지 못할 말이 없어서,
바람 소리도 모두 표현할 수 있다.

세종실록 113권

세종 28년(1446년) 9월 29일(갑오년)

① 원본에 있는 '초성, 중성, 종성'은 이 책에서는 이해하기 쉽도록 '자음, 모음, 받침'으로 사용했습니다.

② 원본 해석상 '첫소리, 중간소리, 끝소리'도 이 책에서는 '자음, 모음, 받침'으로 사용했습니다.

③ 이 책에서 '원본'이란 세종대왕께서 공표하신 '훈민정음 해례본'을 말합니다.

④ 이 책에서 '원본 해석'이란 '국민보급형 훈민정음 해례본'에서 풀이한 '해석'을 의미합니다.

⑤ 이 책은 원본 내용 순서를 현대 한국어 학습에 익숙한 순서대로 바꾸어 적용했습니다. 예를 들어 원본에서는 ㄱ ㅋ ㄷ ㅌ ㄴ ㅂ ㅍ ㅁ ㅈ 등의 순서로 설명되어 있지만 이 책에서는 ㄱ ㄴ ㄷ ㄹ ㅁ ㅂ ㅅ ㅇ ㅈ 등의 순서로 설명했습니다.

⑥ 이 책에서 자음 학습은 ㄱ ㄴ ㄷ ㄹ ㅁ ㅂ ㅅ ㅇ ㅈ ㅊ ㅋ ㅌ ㅍ ㅎ 및 겹자음 순서입니다.

⑦ 이 책에서 모음 학습은 ㅏ ㅑ ㅓ ㅕ ㅗ ㅛ ㅜ ㅠ ㅡ ㅣ 및 겹모음 순서입니다.

⑧ 이 책은 처음부터 제대로 배우는 한글 학습을 목표로, '훈민정음 해례본' 한글 창제 원리를 새롭게 구성하고 독창적으로 쉽게 설명했습니다.

⑨ 이 책은 ·(아래아)를 다른 모음과 별도 표기하지 않고 하나의 모음으로 붙여 표기했습니다.

⑩ 이 책은 현대 한국인들이 사용하는 한글을 쉽게 익히도록 하기 위해 원본에서 사용된 한자, 고대 국어 표기 등을 배제하고, 필요한 경우 원본 뜻을 벗어나지 않는 범위 안에서 의역했습니다.

⑪ 이 책은 왕초보부터 외국인까지 모두 쉽게 배우고 익히는 한글 학습을 목표로, 최대한 한자를 사용하지 않고 한글로 풀어서 설명했습니다.

⑫ 이 책을 통해 한글 자음과 모음의 창제 원리를 재미있게 배우면서 읽기, 쓰기, 말하기를 공부하면 어느 순간부터 자연스럽게 한글을 읽고, 쓰고, 말하는 여러분의 모습을 발견할 것으로 기대합니다.

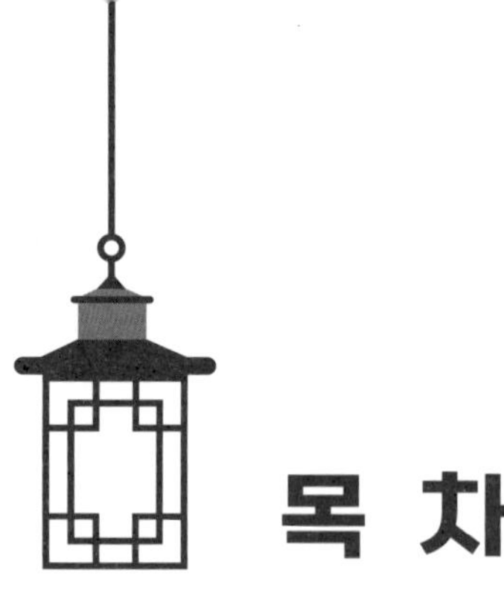

목 차

한글 학습을 시작하며

현대 한국인들에게 한글을 알고 있는지 물어보면 대부분 안다고 대답합니다. 한글 자음과 모음, 한글 단어, 한글 문법을 공부하고 배웠기 때문입니다.

그런데 한글 창제 원리를 물어보면 제대로 답하는 사람을 찾기 어렵습니다. 말을 얼버무리거나 우주의 원리 또는 음양오행, 발성 기관 형태를 본뜬 지음과 모음 형태를 이야기할 뿐입니다. 사실 이 정도만 알고 있어도 다행입니다.

심지어 한글 자음과 모음을 써 보라고 하면 제대로 쓰는 것을 어려워하는 사람들도 많습니다. 이렇게 한글을 사용하는 데도 불구하고 한글을 제대로 쓰지 못하고, 한글 창제 원리도 잘 모르는 것이 현실입니다.

세종대왕께서 말하고 싶은 게 있어도 글자를 몰라 소통하지 못하는 백성을 가여이 여겨 한글을 창제하셨지만, 수백 년이 지난 현대에 이르러서도 한국인들은 한글을 제대로 사용하지 못하는 상태라고 할 수 있습니다.

그렇다면 케이팝 가수들이 해외에 알려지고 케이 드라마, 케이 영화, 케이 푸드, 케이 화장품 등 모든 장르의 케이 문화가 해외에서 큰 인기를 얻으면서 한글을 공부하는 외국인들이 점점 증가하는 상황에서 외국인들은 한글을 어떻게 사용하고 있을까요? 또한, 다문화 가정, 외국인 근로자, 국제결혼 등이 증가하는 상황에서 한글 교육은 어떻게 해야 할까요?

그래서 이 책 "훈민정음 해례본 한글 창제 원리를 적용, 처음부터 제대로 배우는 최신 한글학습서'가 세상에 나오게 되었습니다.

이 책의 특징은 첫째, 한국인들에게 익숙한 한글 자음과 모음 순서대로 학습한다는 점입니다. ㄱㄴㄷㄹㅁㅂㅅㅇㅈㅊㅋㅌㅍㅎ 자음 14자, ㅏㅑㅓㅕㅗㅛㅜㅠㅡㅣ 모음 10자를 한글 창제 원리에 따라 순서대로 익히고 쓰면서 학습합니다.

둘째, 자음 사용법, 모음 사용법, 받침 사용법을 통해 한글에 담긴 가치와 의미를 설명하여 누구든지 한글의 우수성을 이해하고 한글과 더욱 친숙해지면서 학습합니다.

셋째, 한글 자음과 모음을 학습한 후 생활 한국어를 재미있게 익힐 수 있도록 케이팝 노래 가사에 많이 사용된 단어를 부록으로 제공합니다. 그래서 이 책 한 권만 제대로 학습하면 케이팝 가사를 이해하는 데 큰 도움이 될 것으로 기대합니다.

예를 들어, 나(na: I), 너(neo: you), 것(geot: thing/that), 사랑(sarang: love), 그대(geudae: you)를 비롯하여, 처음, 눈물, 추억, 하루, 마음, 기다리다, 꿈, 아름다운, 몰라, 보고 싶다, 미치다, 바보처럼, 미안해, 얼굴, 머리, 눈, 입술, 오빠, 언니, 누나, 형, 괜찮아, 몰라, 널 생각해, 남자, 여자처럼 감정이나 사랑 등과 관련 있는 케이팝 단어들을 제공합니다.

그래서 이 책은 케이팝을 좋아하는 한국인들을 위한 최초의 한글 학습서인 동시에 해외 여러 나라의 한류팬들을 위한 국가대표급 세계 보급형 한글 학습서라고 할 수 있습니다.

지금부터 재미있게 한글도 배우고, 좋아하는 케이팝 가사까지 알 수 있는, **"훈민정음 해례본 한글 창제 원리 적용, 처음부터 제대로 배우는 최신 한글학습서"**의 첫 페이지를 열도록 하겠습니다.

한글 모양, 발음, 문장

출처 | 훈민정음 해례본 예의편

　세종대왕은 나라에서 사용하는 말이 지역에 따라 소리가 서로 달라서 백성들이 말하고 싶은 게 있어도 소통이 불가능한 경우가 생기는 걸 가여워하시고, 직접 자음과 모음 28자를 만들어 백성들이 쉽게 배우고 편하게 사용할 수 있게 하였습니다.

　현대 한국어에서는 28자 중 ·(아래아), △(반치음), ㆁ(옛이응), ㆆ(여린히읗)을 사용하지 않고 24자(자음 14자, 모음 10자)만 사용합니다.

자음	ㄱ	ㄴ	ㄷ	ㄹ	ㅁ	ㅂ	△	ㅅ	ㆁ	ㅇ	ㅈ	ㅊ	ㅋ	ㅌ	ㅍ	ㆆ	ㅎ
	기역	니은	디귿	리을	미음	비읍	반치음	시옷	옛이응	이응	지읒	치읓	키읔	티읕	피읖	여린히읗	히읗

모음	·	ㅏ	ㅑ	ㅓ	ㅕ	ㅗ	ㅛ	ㅜ	ㅠ	ㅡ	ㅣ
	아래아	아	야	어	여	오	요	우	유	으	이

　한글 자음과 모음 24자에서 자음 ㄱ, ㄷ, ㅂ, ㅅ, ㅈ은 겹자음 ㄲ, ㄸ, ㅃ, ㅆ, ㅉ을 사용하고 모음 ㅐ(ㅏ+ㅣ), ㅒ(ㅑ+ㅣ), ㅔ(ㅓ+ㅣ), ㅖ(ㅕ+ㅣ), ㅘ(ㅗ+ㅏ), ㅙ(ㅗ+ㅏ+ㅣ), ㅚ(ㅗ+ㅣ), ㅝ(ㅜ+ㅓ), ㅞ(ㅜ+ㅓ+ㅣ), ㅟ(ㅜ+ㅣ), ㅢ(ㅡ+ㅣ)는 겹모음으로 사용합니다.

겹자음	ㄲ	ㄸ	ㅃ	ㅆ	ㅉ
	쌍기역	쌍디귿	쌍비읍	쌍시옷	쌍지읒

겹모음	ㅐ	ㅒ	ㅔ	ㅖ	ㅘ	ㅙ	ㅚ	ㅝ	ㅞ	ㅟ	ㅢ
	애	얘	에	예	와	왜	외	워	웨	위	의

* 이 책에서는 외국인 독자들의 모국어 특성을 감안하여 한글 자모 발음이 용이하도록 표기하였으며, 정확한 발음 표기를 위해 필요 시 국립국어원 로마자 표기법을 병기하였습니다.

기역 | Gi Yeok

뒤쪽 혓바닥을 열린 입천장에 올려붙이고 막아서 내는 소리로서 어금닛소리[1]이며 '군'자의 시작되는[2] 자음과 같고, 나란히 붙여 쓰면 'ㄲ'자의 자음과 같습니다.

---

1) 뒤혓바닥을 여린입천장에 올려붙이고 거기를 막아 내는 소리. 기본 소리는 'ㄱ'이며 'ㅋ', 'ㆁ(옛이응)'도 이에 속한다. 훈민정음 제자해에서 '혀뿌리가 목구멍을 막아 내는 소리'로 설명. (출처: 한글글꼴용어사전, 2000.12.25., 세종대왕기념사업회)

2) '펴어 나는'과 같은 의미로 사용.

니은 | Ni Eun

혓소리로서 '나'자의 처음 시작되는 자음과 같습니다.

디귿 | Di Geud

*국립국어원 표기법 **Di Geut**

혓소리[3]로서 '두'자의 자음과 같고 나란히 붙여 쓰면 '땀'자의 자음과 같습니다.

---

3) 윗잇몸에 혀를 붙여내는 소리로 혀끝이 윗잇몸에 닿는 모양을 본뜸. (한국민족문화대백과, 한국학중앙연구원)

리을 | Le Eul

*국립국어원 표기법 **Re Eul**

반혓소리로서 '려'자의 자음과 같습니다.

미음 | Mi Eum

입술소리로서 '미'자의 자음과 같습니다.

비읍 | Bi Eup

입술소리[4]로서 '별'자의 처음 시작하는 자음과 같고 나란히 붙여 쓰면 '뽀'자의 자음과 같습니다.

---

4) 입술을 작용시켜 발음하는 소리. (한국민족문화대백과, 한국학중앙연구원)

시옷 | Si Ot

잇소리로서 '슐'자의 자음과 같고 나란히 붙여 쓰면 '싸'의 자음
과 같습니다.

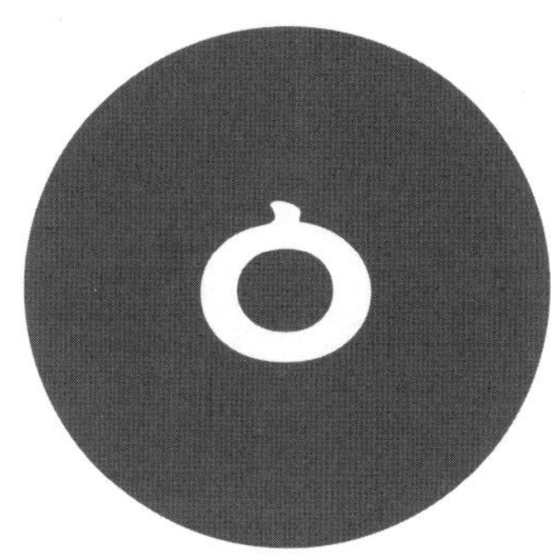

이응 | E Ung

목소리[5]로서 '읍'자의 자음과 같습니다.

---

5) 목구멍에서 발생되는 소리. (국어국문학자료사전, 이응백, 김원경, 김선풍, 1998., 한국사전연구사)

지읒 | Ji Euj

*국립국어원 표기법 **Ji Eut**

잇소리[6]로서 '즉'자의 자음과 같고 나란히 붙여 쓰면 '짜'자의 자음과 같습니다.

---

6) 윗앞니에 혀끝을 대어 조음되는 소리. (국어국문학자료사전, 이응백, 김원경, 김선풍, 1998., 한국사전연구사)

치읓 | Chi Euch

*국립국어원 표기법 Chi Eut

잇소리로서 '침'자의 자음과 같습니다.

키읔 | Ki Eug

*국립국어원 표기법 **키읔** | Ki Euk

ㄱ과 같은 어금닛소리이며 '쾌'자의 자음과 같습니다.

ㅋ	ㅋ	ㅋ					
자음							

티읕 | Ti Eut

혓소리로서 '탄'자의 처음 시작되는 자음과 같습니다.

피읖 | Pi Eup

입술소리로서 '표'자의 자음과 같습니다.

히읗 | Hi Euh

*국립국어원 표기법 **Hi Eut**

목소리로서 '허'자의 자음과 같습니다.

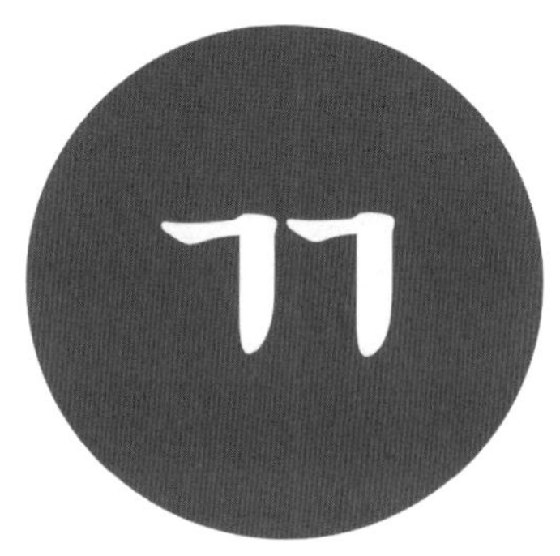

쌍기역 | **Ssang Gi Yeog** *국립국어원 표기법 Ssang Gi Yeok

ㄱ을 나란히 옆으로 씁니다.

쌍디귿 | **Ssang Di Geud** *국립국어원 표기법 Ssang Di Geut

ㄷ을 나란히 옆으로 씁니다.

쌍비읍 | Ssang Bi Eup

ㅂ을 나란히 옆으로 씁니다.

ㅃ	ㅃ	ㅃ				

쌍시옷 | Ssang Si Ot

ㅅ을 나란히 옆으로 씁니다.

쌍지읒 | Ssang Ji Euj

ㅈ을 나란히 옆으로 씁니다.

아 | A

'담'자의 모음과 같습니다.

야 | Ya

'양'자의 모음과 같습니다.

어 | Eo

'업'자의 모음과 같습니다.

여 | Yeo

'별'자의 모음과 같습니다.

오ㅣㅇ

'홍'자의 모음과 같습니다.

요 | Yo

'욕'자의 모음과 같습니다.

우 | oo

*국립국어원 표기법 U

'군'자의 모음과 같습니다.

유 | Yu

'슈'자의 모음과 같습니다.

으 | Eu

'즉'자의 모음과 같습니다.

이 | ㅣ

'침'자의 모음과 같습니다.

애 | Ae

ㅏ와 ㅣ가 합쳐진 모음입니다.

얘 | Yae

ㅑ와 ㅣ가 합쳐진 모음입니다.

에 | Eh

*국립국어원 표기법 **E**

ㅓ와 ㅣ가 합쳐진 모음입니다.

예 | Ye

ㅕ와 ㅣ가 합쳐진 모음입니다.

와 | Wa

ㅗ와 ㅏ가 합쳐진 모음입니다.

왜 | Wae

ㅗ와 ㅐ가 합쳐진 모음입니다.

외 | Oe

ㅗ와 ㅣ가 합쳐진 모음입니다.

워 | Wo

ㅜ와 ㅓ가 합쳐진 모음입니다.

웨 | **Wea**

ㅜ와 ㅔ가 합쳐진 모음입니다.

*국립국어원 표기법 **We***

위 | We

*국립국어원 표기법 Wi

ㅜ와 ㅣ가 합쳐진 모음입니다.

의 | Ui

ㅡ와 ㅣ가 합쳐진 모음입니다.

한글 창제의 원리

출처 | 훈민정음 해례본 제자해[7]

세종대왕은 하늘과 땅의 자연의 원리에 따라 정음(正音: 바른 소리) 28자를 만들었습니다. 세종대왕은 머릿속에서 생각해서 만든 것이 아니라 자연의 소리 원리를 따라 만든 것이라고 하였습니다. 하늘과 땅의 자연의 이치가 사람이 살아가는 것과 마찬가지이므로, 자연의 소리를 따라 사람의 소리를 만든 것이라는 의미입니다.

'정음' 28자는 1443년에 완성되었고, 1446년에 '훈민정음'으로 반포되었습니다. 그리고 대한제국 말기에는 '나라의 글'이란 의미로 '국문(國文)'이라고 불렀습니다. 1911년 주시경 박사가 '배달말'이라고 지칭했으며 1912년 주시경 박사의 책 '소리갈'에서부터 '한글'로 부르게 되었다고 전해집니다.[8]

한글 모양은 사람 몸의 발성 기관 형태를 따라 만들어졌는데, 어금닛소리 ㄱ은 혀뿌리가 목구멍을 막는 모양, 혓소리 ㄴ은 혀가 윗잇몸에 붙는 모양이고, 순음(입술소리) ㅁ은 입 모양을 본뜬 것입니다.

잇소리 ㅅ은 치아 모양을 본뜨고, 목구멍 소리 ㅇ은 목구멍 모양을 본뜬 것이며 ㅋ은 ㄱ에 비하여 소리가 세게 나므로 획을 더한 것입니다.

ㄴ에서 ㄷ, ㄷ에서 ㅌ, ㅁ에서 ㅂ, ㅂ에서 ㅍ, ㅅ에서 ㅈ, ㅈ에서 ㅊ, ㅇ에서 ㆆ, ㆆ에서 ㅎ과 같이 그 소리에 획을 더한 글자들이 갖는 의미는 모두 같습니다.

단, ㆁ(여린히읗)은 ㄹ(반설음), ㅿ(반치음)과 같이 '혀'와 '이' 형태를 본떠서 만든 것으로, ㄹ, ㅿ과 달리 ㅇ에 획을 더해 ㆁ이 만들어졌지만 획을 더한 의미는 없습니다.

---

7) 훈민정음 해례본에서 글자 제작 취지, 원리, 소리값의 관계, 음양오행 관계 등에 대해 설명
8) '한글'의 作名父는 누구일까, 고영근(2003), 새국어생활 2003년 봄.

입 모양과 음양오행

‘목구멍’은 목 안쪽의 깊은 곳에 있고 젖어 있어, 음양오행[9]에서 ‘물’에 해당합니다. 목구멍소리는 형태가 없어 ‘비어 있다’고 할 수 있지만 움직이므로, 속이 들여다보이는 물과 같습니다. 물은 흘러서 닿는 것과 같으므로, 계절은 ‘겨울’이 되고 소리는 오음[10] 순서에서 ‘우’에 해당합니다.

‘어금니’는 어긋나고 길어서 ‘나무(木)’에 비유됩니다. 어금닛소리는 목구멍소리와 비슷하지만 나무가 물에 의해 자라나서 형체가 있는 것과 같습니다. 그래서 계절은 ‘봄’이고, 소리는 ‘각’에 속합니다.

‘혀’는 날카롭고 움직이므로 ‘불’에 비유됩니다. 혓소리가 혀를 굴리고 늘리는 것이 마치 불이 이글거리며 타는 것과 같기 때문이며, 계절은 ‘여름’이고 소리는 ‘치’에 속합니다.

‘이’는 단단하고 끊는 성질을 가졌으므로 ‘쇠’에 해당됩니다. 잇소리가 가루가 되거나 모을 수 있는 것은 쇳가루가 단련되어 쇠가 되는 것과 같으며, 계절은 ‘가을’이고 소리는 ‘상’에 속합니다.

‘입술’은 모서리가 합이므로 ‘흙’에 해당합니다. 입술소리가 입 안에 소리를 머금고 있으며 입 안이 넓은 것은 흙이 만물을 감싸고 광대한 것과 같으므로, 계절은 ‘여름’이고 소리는 ‘궁’에 속합니다.

---

9) 陰陽五行 동아시아(East Asia) 지역에 철학과 문화에서 우주 만물의 현상과 변화를 설명하는 기본 원리로서, 음양은 서로 대립하고 의존하는 두 가지 기운을 뜻하며, 오행은 목(木), 화(火), 토(土), 금(金), 수(水)의 다섯 가지 기운으로서 서로 작용하며 우주 만물의 생성과 변화를 이끈다는 의미입니다. 예를 들어 ‘음양’은 물과 불, 달과 태양, 웅덩이와 봉우리, −와 +, 여자와 남자 등으로 비유할 수 있습니다.

10) 五音: 동아시아(East Asia) 지역에 전통 음악에서 사용되는 다섯 가지 기본 음률인 궁(宮), 상(商), 각(角), 치(徵), 우(羽)로서 각각 다른 음높이를 갖습니다.

　‘물’은 사물이 태어나는 근원이고, ‘불’은 사물이 자라는 데 사용되므로, 오행 가운데에서는 ‘물’과 ‘불’이 큽니다. 따라서 ‘목구멍’은 소리의 문이고, ‘혀’는 소리를 분별하는 기관이기 때문에 오음[11] 가운데 목구멍소리와 혓소리가 중심이 되는 것입니다.

　‘어금니’가 목구멍 앞에 있으므로 북쪽과 동쪽에 있다고 할 수 있고, ‘혀’와 ‘이’가 어금니 앞에 있으므로 남쪽과 서쪽에 있다고 할 수 있습니다. ‘입술’은 제일 앞에 있으니 ‘흙’은 정해진 위치가 없이도 4계절[12]을 돕는 것입니다.

---

11) 아음(어금닛소리), 설음(혓소리), 순음(입술소리), 치음(잇소리), 후음(목구멍소리)

12) 후음(목구멍소리), 아음(어금닛소리), 설음(혓소리), 치음(잇소리)

자음의 맑음과 탁함

ㄱ, ㄷ, ㅂ, ㅈ, ㅅ은 **모두맑은소리**이고 ㅋ, ㅌ, ㅍ, ㅊ, ㅎ은 **그다음 맑은소리**가 되며 ㄲ, ㄸ, ㅃ, ㅉ, ㅆ은 **모두탁한소리**이고 ㄴ, ㅁ, ㅇ, ㄹ은 **맑지도 않고 탁하지도 않은 소리**입니다.

ㄴ, ㅁ, ㅇ은 소리가 최고 거센 것은 아니므로 순서는 비록 뒤에 있지만 형태를 본따 글자를 만드는 시작이 되었습니다.

ㅅ, ㅈ은 **모두맑은소리**이지만, ㅅ이 ㅈ에 비하여 소리가 거세지 않아서 글자를 만드는 시작이 되었습니다.

ㄱ은 나무를 이루는 것이고 ㅋ은 나무가 성장하는 것이고 ㄲ은 나무가 나이 들어 굳건한 것이므로 ㄱ, ㅋ, ㄲ은 어금니 모양을 본딴 것인데요, **모두맑은소리**를 나란히 쓰면 **모두탁한소리**로 되는 것은 **모두맑은소리**가 섞여서 **모두탁한소리**로 되는 것입니다.

목구멍소리의 **다음맑은소리** ㅎ이 **모두탁한소리**가 되는 것은 ㅎ은 소리가 얕아 섞여서 **모두탁한소리**가 되는 것입니다.

ㅇ을 입술소리에 붙여 쓰면 입술가벼운소리가 되는 것인데 가벼운 소리로써 입술이 잠깐 닿고 떼기 때문에 목구멍소리가 많기 때문입니다.

모음의 형태

    입을 벌려서 내는 소리로 ㅣ와 ·(아래아)가 만나서 이루어졌으며, 하늘과 땅의 작용으로 모든 사물이 나오고 사람을 기다려 이룬다는 의미를 지녔습니다.

    혀를 조금 오므려서 내는 소리로 깊지도 얕지도 않습니다. 땅이 새벽 1시부터 3시 사이에 열리는 것과 같으므로 평평해서 땅의 모양입니다.

    혀를 오므리지 않고 내는 소리로 얕은 소리입니다. 글자를 세운 모양은 사람의 모양으로, 사람이 새벽 3시 30분부터 4시 30분 사이에 생긴 것과 같습니다.

    입을 오므려서 내는 소리로 그 모양은 ·(아래아)와 ㅡ를 합한 것이며 하늘과 땅이 처음 만난다는 의미입니다.

    입을 오므려서 내는 소리로 ㅡ와 ·(아래아)가 만나서 이뤄진 것이며 역시 하늘과 땅이 처음 만난다는 의미입니다.

    입을 벌려서 내는 소리로 ·(아래아)와 ㅣ가 만나서 이뤄지며 역시 하늘과 땅의 작용으로 모든 사물이 나오고 사람을 기다려 이룬다는 의미를 지녔습니다.

ㅛ와 같아서 ㅣ에서 시작되고, ㅑ는 ㅏ와 같아서 ㅣ에서 시작됩니다. 또 ㅠ는 ㅜ와 같아서 ㅣ에서 시작되고, ㅕ는 ㅓ와 같아서 ㅣ에서 시작됩니다.

ㅗ, ㅏ, ㅜ, ㅓ는 하늘과 땅에서 시작되어 처음 만들어지는 것이고 ㅛ, ㅑ, ㅠ, ㅕ는 ㅣ에서 이어져서 '사람'의 의미를 포함합니다. ㅗ, ㅏ, ㅜ, ㅓ가 둥근 것과 하나인 것은 '처음에 생겼다'는 의미를 지녔습니다.

ㅛ, ㅑ, ㅠ, ㅕ가 둥근 것이 두 개인 것은 두 번째로 생겼다는 의미를 지녔습니다. ㅗ, ㅏ, ㅛ, ㅑ의 둥근 것이 위 또는 밖에 있는 것은 하늘에서 나와서 陽(양)이 되었기 때문이고, ㅜ, ㅓ, ㅠ, ㅕ의 둥근 것이 아래 또는 안에 있는 것은 땅에서 나와서 陰(음)이 되기 때문입니다. ㅛ, ㅑ, ㅠ, ㅕ가 모두 사람을 포함한 것은 사람이 만물의 영으로 음양에 참여할 수 있기 때문입니다.

• (아래아)가 여덟 소리에 있는 것은 '양'이 '음'을 만나서 만물에 골고루 작용함과 같습니다.

으뜸 3모음

　·, ㅡ, ㅣ 3가지는 각각 하늘, 땅, 사람을 상징하며 우주와 인간 세상의 기본 구성 요소를 의미합니다. ·, ㅡ, ㅣ는 모든 모음 중에서 으뜸이며, 하늘, 땅, 사람 중에서도 가장 으뜸은 '하늘'입니다.

　다른 모음은 하늘과 땅의 위치에 따라 우열이 나누어집니다. 그 중 ㅗ가 처음 생겼는데, 하늘의 첫째인 '물'의 자리입니다. ㅏ는 그다음으로 하늘의 셋째인 '나무' 자리이며, ㅜ는 땅에서 처음 생겼는데 땅에서 두 번째인 '불'의 자리입니다. ㅓ는 그다음으로, 땅에서 네 번째인 '쇠'의 자리입니다. ㅛ는 하늘에서 다시 생겼고 하늘의 일곱 번째인 '불'의 수를 이루게 되었습니다.

　그 다음은 ㅑ로 하늘에서 아홉째인 '쇠'의 수를 이루었고, ㅠ는 땅에서 다시 생겨서 땅의 여섯째인 '물'의 수를 이루었습니다. ㅕ는 그다음으로 땅의 여덟째인 '나무'의 수를 이루었습니다. 아직 기(에너지) 상태에 있는 '물'과 '불'은 음과 양이 교합하는 시초로서 오므리게 되고 '나무'와 '쇠'는 음과 양에서 정해진 재료로서 펼쳐지게 됩니다.

　·는 하늘에서 다섯째로 '흙'이 되는 자리이며, ㅡ는 땅에서 열째로 '흙'의 수를 이룹니다.

　그런데 ㅣ만 하늘이나 땅에서 해당되는 수(數)가 없습니다. 이는 대개 '사람'은 무극(無極)[13]의 핵심으로 음양오행의 정기가 묘하게 섞여, 자리를 정할 수도 없고 이루는 숫자를 논할 수도 없기 때문입니다. 또한, 모음들 중에서도 핵심으로서 조화로운 존재라는 음양오행 방위의 수이기 때문입니다.

　음양은 하늘의 이치이고 강유[14]는 땅의 이치입니다. 모음은 깊고, 얕고, 오므리고, 펼치게 되니, 음양으로 구분하여 오행의 기구(기운의 도구)가 되는 것으로 하늘(·)의 작

---

13) 천지 만물(天地萬物)이 생성되기 전에 혼돈 상태로 만물의 근원이 된 기운을 태극(太極)이라고 하며, 아무것도 없는 상태라는 의미에서 무극(無極)이라고도 부른다. (한국고전용어사전, 2001. 3. 30., 세종대왕기념사업회)

14) 강유: 굳세고 부드러움, 강하고 유연함.

용인 것입니다. 자음은 허하고, 실하고, 날리고, 엉기고, 무겁고, 가벼우니 강하거나 부드러움을 나타내어 오행이 바르게 이루어지므로 땅(ㅡ)이 작용한 것입니다.

　모음을 깊게, 얕게, 오므리고, 펼치면서 자음을 부르면, 자음은 다섯 가지 음으로 맑은소리나 된소리를 어울려 있게 되는 것입니다. 자음이 받침도 되는 것은 만물이 땅에서 나와서 다시 땅으로 돌아가는 것을 보는 것과 같습니다.

　자음, 모음, 자음이 합쳐져 글자를 이루는데, 움직임과 멈춤이 서로 뿌리가 되어 '음'과 '양'이 만나서 글자가 만들어지는 것입니다.

　오행은 하늘에 존재하는 것으로 '신(God)'이 움직이는 것이고, 하늘은 움직이고 땅은 멈춰 있는데 움직임과 멈춤을 섞는 것은 사람이므로 땅의 일이 바르게 이루어지는 것입니다. 즉, 사람이 어질고 예의 바르며 믿음이 있으면서 의롭고 지혜로운 것은 '신(God)'이 움직이는 것이고, 사람 몸속의 간장, 신장, 비장, 폐장, 신장이 하는 것은 일이 바르게 이루어지게 하는 것입니다.

　자음은 움직이는 의미가 있어 '하늘'의 일이고, 받침은 멈추어서 정해지는 의미가 있어 '땅'이 하는 일이 됩니다. 모음은 자음을 이어 받침까지 이루게 하는 것이므로 '사람'이 하는 일입니다. 대개 글자의 음운에서 '운'은 모음으로, 자음과 받침을 만나 '음'을 이루게 됩니다. 그러므로 하늘과 땅은 사람에게 의지하여 만물을 나서 자라게 하거나 더해지고 쌓이게 합니다.

　받침에 자음을 다시 쓰는 것은 그것이 움직여서 '양'이 되어도 건(乾)[15]이고, 멈춰서 '음'이 되어도 건(乾)이기 때문입니다. 건(乾)은 실제로 음양을 나누어 무엇이든지 다스리고 따르게 하는 것입니다. 즉, 하늘과 땅의 조화로움은 본래 하나의 기운이므로 음양 오행이 서로 시작과 끝이 되는 것입니다.

　자음과 모음 사이에는 형태와 소리가 있는데, 근본이 둘이 아니므로 이치와 수가 서로 통합니다. 훈민정음은 그 모양을 본떠 소리의 거칠기에 따라 매번 획을 더해 만들었습니다.

　글자의 음운에서 '음'은 어금닛소리, 혓소리, 입술소리, 잇소리, 목구멍소리로 자음

---

15) 주역에 나오는 8괘 중 '하늘'의 괘. (한자성어·고사명언구사전, 조기형, 이상억, 2011. 2. 15., 이담북스)

17자(현대 한글은 14자를 사용합니다)가 되었습니다. 어금닛소리는 혀뿌리가 목구멍을 막는 형태로 '업(業)'의 ㆁ은 어금닛소리(ㄱ, ㅋ, ㄲ, ㆁ)의 일부입니다. 그러나 욕(欲)에서 ㅇ은 목구멍소리에 속하기 때문에 업의 ㆁ과 의미가 다릅니다. 혓소리는 '혀'가 '이'의 윗잇몸에 붙는 모양이고, 입술소리는 실제 입 모양을 본뜬 것입니다. 잇소리와 목구멍소리는 바로 '이'와 목구멍 모양을 본뜬 것입니다. 이렇게 5가지 소리의 의미를 알면 자음을 분명하게 이해할 수 있습니다.

또 반혓소리[16]와 반잇소리[17]가 있는데, 모양을 본뜬 것은 같지만 형체는 다른 것입니다. 예를 들어 那(나), 彌(미), 戌(술), 欲(욕)[18]에서 ㄴ, ㅁ, ㅅ, ㅇ은 소리가 거세지 않습니다. 이처럼 훈민정음은 모양을 본떠 만든 것으로, 이전에는 없었던 새로운 글자입니다.

훈민정음은 4계절을 배합하여 음과 양을 조화롭게 하여 만물을 만드는 것과 같으므로 오행과 오음에 협력하지 않는 것이 없습니다.

목구멍소리는 음양오행에서 오음의 우(羽)와 같아 물이고 겨울이며, 어금닛소리는 음양오행에서 각(角)과 같아서 나무이고 봄이 됩니다. 혓소리는 오음(五音)의 하나로 음양오행에서 화(火)에 해당하는 치(徵)와 같아서 불이고 여름이며, 잇소리는 음양오행 중 금(金)의 기운을 나타내며 상(商)과 같아서 쇠이며 가을입니다. 입술소리는 위치와 수를 정하지 않아 음양오행에서 주로 '집'이나 '자리' 또는 '주체'를 의미하는 궁(宮)과 같으며 흙이고 늦여름이 됩니다.

'음'에는 맑은소리와 된소리가 있습니다. 모두 맑은소리는 君(ㄱ), 斗(ㄷ), 彆(ㅂ)[19]과 卽(ㅈ), 戌(ㅅ), 挹(ㆆ)[20]입니다.

快(ㅋ), 呑(ㅌ), 漂(ㅍ), 侵(ㅊ), 虛(ㅎ)[21]와 같은 것은 오음에서 하나씩 다음 맑은소리가 된 것이고, 모두 된소리는 虯(ㄲ), 覃(ㄸ), 步(ㅃ)[22]와 慈(ㅉ), 邪(ㅆ)[23]으로 맑은소리를 나

---

16) ㄹ

17) ㅿ

18) ㄴ, ㅁ, ㅅ, ㅇ

19) 君(군), 斗(두), 彆(별)

20) 卽(즉), 戌(술), 挹(읍)

21) 快(쾌), 呑(탄), 漂(표), 侵(침), 虛(허)

22) 虯(뀨: ㄲ), 覃(땀: ㄸ), 步(뽀: ㅃ)

23) 慈(짜: ㅉ), 邪(싸: ㅆ)

란히 같이 쓰면 모두 된소리[24]가 됩니다.

業(ㆁ), 邪(ㅅ), 彌(ㅁ), 欲(ㅇ), 閭(ㄹ), 穰(ㅿ)[25]는 그 소리가 맑지도 탁하지도 않고, 欲(ㅇ)을 이어 쓰면 입술가벼운소리가 되며 목구멍소리가 많아서 입술을 잠깐씩 오므리는 모양이 됩니다.

모음 11자(현대 한글에서는 10자) 또한 모양을 본떴는데 정확한 의미대로 모양을 본떴다고 할 수는 없습니다. 呑(탄)은 하늘을 흉내 내어 소리가 최고로 깊어서 둥근 모양의 탄환처럼 만들었습니다. 卽(즉: ㅡ)은 깊지 않고 얕지도 않은데 그 형태가 평평한 모양이라서 '땅'을 본뜬 것이며 侵(침: ㅣ)은 소리가 얕은데 사람이 서 있는 모양을 본뜬 것입니다. 이렇게 천, 지, 인이 갖춰지게 되었습니다.

洪(홍: ㅗ)은 하늘(•)로부터 나와서 닫힌소리가 되는데 둥근 하늘(•)과 평평한 땅(ㅡ)을 합하여 형태(ㅗ)를 만들었고, 覃(담: ㅏ) 또한 하늘(•)로부터 나와서 열린소리가 되는데 사물에 드러나므로 사람(ㅣ)과 함께 글자를 만들었습니다

처음 나온다는 의미는 둥근(•) 것이 하나로 하늘로부터 양(陽)이 되어 위와 밖에 있는 것입니다. 欲(욕: ㅛ)과 穰(양: ㅑ)은 사람(ㅣ)과 함께 다시 나오지만 두 개의 둥근(•) 형태로 그 의미를 보여준 것입니다.

呑(탄)이 여덟 소리를 이어주는 글자가 되는데, 하늘(•)은 흘러 다니며 사용되는 것이고 사람(ㅣ)을 더한 이유는 사람이 천지에 있어서 가장 신령하기 때문입니다.

또한, 3성(자음, 모음, 받침)을 탐구하여 이치를 살펴보면, 단단하고 부드러움과 음양이 있습니다. 모음은 하늘(•)을 사용하여 음과 양을 나누고, 자음은 땅(ㅡ)을 사용하여 단단하고 부드러움을 나타내는 것입니다.

모음이 나오면 자음과 어울리므로 하늘(•)이 땅(ㅡ)에 우선한다는 자연의 이치와 같습니다. 자음과 모음의 어울림에서 자음이 처음도 되고 마지막도 되므로 사물이 나오고 돌아가는 건 모두 땅이 되고, 음이 변하여 양이 되고 양이 변하여 음이 되는 것처럼 음양의 조화로움 속에서 어울리는 것입니다.

---

24) 탁한 소리 = 유성음

25) 業(업) 邪(사) 彌(미) 欲(욕) 閭(여) 穰(양)

　자음은 다시 발생하는 의미가 있으니 ‘자음’이 ‘양’으로서 움직이게 되는 것이 하늘(·)에 중요하고, 받침을 땅으로 보면 음의 고요함이니 글자와 소리가 멈추는 자리가 되는 것입니다.

　글자의 음운에서 ‘운’은 모음 사용이므로 사람(ㅣ)이 하늘(·)과 땅(ㅡ)을 서로 돕는 것과 같으며, 양이 사용되면서 음에도 통하므로 펼치면 다시 돌아오는 것이 됩니다.

　자음과 받침이 음양으로 나누어지지만 받침에 자음을 쓰는 이유는, 훈민정음 글자가 스물여덟자(현대 한글에서 24자 사용)이지만 자음을 받침으로 사용하여 글자의 깊이를 더한 것입니다.

한글 사용법

자음 사용법

출처ㅣ 훈민정음 해례본 초성해[26]

훈민정음에서 음절을 구성하는 첫소리는 자음과 모음에 의해 이뤄지므로, 첫소리부터 말소리가 나오는 것을 비유하면 첫소리가 '어머니(母)'라고 할 것입니다.

어금닛소리 '군' 글자의 초성은 ㄱ이고 ㄱ과 ㄴ이 합해 '군'으로 되고, '쾌' 글자의 초성은 ㅋ으로 ㅋ과 ㅙ가 만나 쾌가 되며, '업' 글자의 초성은 ㆁ으로, ㆁ과 ㅓㅂ이 어울려 '업'이 되는 식입니다.

혓소리 ㄷ, ㅌ, ㄸ, ㄴ, 입술소리 ㅂ, ㅍ, ㅃ, ㅁ, 잇소리 ㅈ, ㅊ, ㅉ, ㅅ, ㅆ, 목구멍소리 ㅎ, ㅇ, 반혓소리 및 반잇소리 ㄹ 모두 이를 따릅니다.

결론적으로 ㄱ, ㅋ, ㄲ, ㆁ은 그 소리가 어금닛소리이며 혓소리는 ㄷ, ㅌ과 ㄸ, ㄴ입니다. ㅂ, ㅍ, ㅃ, ㅁ은 입술소리이고, 잇소리에는 ㅈ, ㅊ, ㅉ, ㅅ, ㅆ이 있습니다. ㅎ, ㅇ은 목구멍소리이고 ㄹ은 반혓소리입니다.

---

26) 훈민정음 해례본에서 초성(자음)에 대해 가웃뎃소리(모음) 앞에서 어떻게 쓰이는가 설명

모음 사용법

출처 | 훈민정음 해례본 중성해

'모음'은 음절의 가운데에 있고 자음 및 받침과 함께 소리를 이룹니다.

'즉'자에서 모음은 ㅡ이며 ㅡ가 ㅈ과 ㄱ 사이에 놓여 '즉'이 되고, '침'자에서 모음은 ㅣ이며 ㅣ가 ㅊ과 ㅁ 사이에 놓여 '침'이 되는 것과 같습니다.

두 모음이 합하여 쓰이는 것으로는 ㅗ와 ㅏ를 합한 ㅘ, ㅛ와 ㅑ를 합한 ㆇ, ㅜ와 ㅓ를 합한 ㅝ 등이 있습니다. 이 모음들은 서로 합하여도 어긋남이 없습니다.

한 글자에서 모음이 ㅣ와 어울려 복모음이 되는 10는 ㅓ, ㅢ, ㅚ, ㅐ, ㅟ, ㅖ, ㅚ, ㅒ, ㆌ, ㅖ입니다.

ㅣ가 깊고 얕으며 열리고 닫히는 소리에 서로 따르는 것은, 소리가 얕아서 혀를 펴고 입을 벌려도 소리를 내는 것이 편하기 때문입니다. 이는 '사람(ㅣ)'이 만물의 뜻을 여는 데 필요하다는 것을 보여줍니다. 결론적으로, 자음 소리에는 각기 모음이 있으므로 모음으로 소리를 열고 닫고를 따르는 것입니다.

ㅗ와 ㅏ는 ·(아래아)에서 나왔으니 서로 합하여 사용할 수 있고, ㅜ과 ㅓ은 ㅡ에서 나왔으니 마찬가지로 합할 수 있습니다. ㅛ와 ㅑ, ㆌ와 ㅕ는 서로 따르는 바 있어서 그 뜻을 알 수 있습니다. 이는 ㅣ의 사용이 가장 많아서 골고루 서로 따르는 것입니다.

받침 사용법

출처 | 훈민정음 해례본 종성해

　'받침'은 자음과 모음을 이어받아서 음절(글자)을 이루는 것입니다. 가령 '즉'자의 받침은 ㄱ이고 ㄱ은 '즈'의 끝에서 합해 '즉'이 됩니다. '홍'자의 받침은 ㆁ으로, ㆁ은 '호'의 끝에서 '홍'이 되는 것과 같습니다.

　혓소리, 입술소리, 잇소리, 목구멍소리가 모두 같으나 소리의 느림과 빠름이 다릅니다. 평성, 상성, 거성의 받침은 '입성'의 빠르기와 같지 않으며 맑은소리가 아니고 된소리도 아닌 글자로, 그 소리가 거칠지 않아 **평성, 상성, 거성**[27]의 받침으로 알맞습니다.

　※ 4성은 현대 중국어에서 1성, 2성, 3성, 4성으로 사용되고 우리말에서는 '평성, 상성, 거성, 입성'으로 한자발음에 적용됩니다(필자 주).

　모두 맑은소리, 다음 맑은소리, 모두 된소리 글자는 그 소리가 세기 때문에 '받침'에 사용하는 입성에 알맞습니다. 즉, ㆁ, ㄴ, ㅁ, ㅇ, ㄹ은 평성, 상성, 거성의 받침이고 나머지는 입성의 받침으로 사용합니다. 그래서 ㄱ, ㆁ, ㄷ, ㄴ, ㅂ, ㅁ, ㅅ, ㄹ 여덟 글자로 충분히 사용할 수 있습니다.

　또 반혓소리 ㄹ은 당연히 언(諺)에는 쓸 수 있고 문(文)에는 쓸 수 없습니다.[28] 사람들이 말하는 것은 가능하나 문서에는 사용할 수 없다는 의미입니다.

　예를 들어 입성의 '볃'자도 받침에 마땅히 ㄷ을 써서 '볃'이어야 하는데 사람들이 배우고 읽기를 'ㄹ'이라고 하였기에 ㄷ이 바뀌어 가벼운소리 'ㄹ'로 '별'이 된 것입니다.

---

27) '입성'을 포함하여 중국어의 사성. '평성'은 '음평성(1성)'과 '양평성(2성)'으로 나뉘며 알파벳 발음표시 위에서 1성은 ‐로 표기하며, 같은 음을 지속해서 내는 것을 말한다. 2성은 ǎ처럼 '올리는 기호'로 나타내고 소리 올림으로 발성한다. 평성(3성)은 ǎ처럼 글자 중간에서 한 번 꺾는 소리로 발음한다. 거성(4성)은 à처럼 아래로 꽂는 소리로 강하고, 짧게 발음한다.

28) 세종실록 권102에 "상친제언문이십팔자(上親製諺文二十八字)"라고 한 것은 훈민정음 창제 당시에 한자에 대한 한글을 통칭하는 의미로 사용되었다고 보이는데, '백성이 말하고자 하는 바가 있어도 문자가 서로 통하지 아니하여'라는 구절에서 보듯, 지배층과 서민층 사이에 언어적 괴리가 존재하던 상황에서 글을 모르는 사람들을 위해 새롭게 만든 글이라는 의미로 지칭한 것뿐, 한글과 한자의 격(格)을 구분 짓는 표기는 아니었다고 보여진다. 그 근거로 바로 다음 문장에 彆(활 뒤틀릴 '별')은 본래 볃이 되어야 하는데 '별'로 사용되었던 것과 같은 맥락이다(필자 주).

만약 ㄷ이 아닌 ㄹ을 '볃'자의 받침으로 사용했다면 그 소리가 느려서 입성이 되지 않는 것[29]입니다.

　결론적으로, 맑은소리가 아니고 된소리도 아닌 소리를 받침에 쓰면 평성, 상성, 거성은 되지만 입성은 되지 않습니다. 모두 맑은소리, 다음 맑은소리, 모두 된소리는 모두 입성이 되어 빠른데, 자음이 받침도 되는 이치입니다. 다만, 여덟 글자를 사용해도 부족하지 않습니다.

---

29) 세종대왕께서 정음 28자를 만들고 훈민정음을 반포하신 내용과 과정을 생각해 보면 문자로서의 '한자'의 기원에 대해 궁금하게 된다. 현대 사회에서도 '영어'를 사용하는 국가들이 여러 나라인 것처럼 옛날에도 한자를 사용하는 국가들이 여러 나라였을 수 있다(필자 주).

글자의 구성

출처| 훈민정음 해례본 합자해

자음, 모음, 받침이 합해 '글자(음절)'를 이룹니다. 자음은 모음 위에 놓이거나 왼쪽에 놓입니다.

'군'에 ㄱ이 ㅜ 위에 놓이고 '업'의 ㅇ이 ㅓ 왼쪽에 있는 것과 같습니다. 모음은 자음의 아래에 놓이는 ㅡ, ㅗ, ㅛ, ㅜ, ㅠ와 자음의 오른쪽에 놓이는 ㅣ, ㅏ, ㅑ, ㅓ, ㅕ가 있습니다. '즉'의 ㅡ는 ㅈ 아래에 놓이고, '침'의 ㅣ는 ㅊ의 오른쪽에 놓이는 것입니다. 받침은 자음과 모음의 아래에 놓입니다. '군'의 ㄴ은 '구'의 아래에 놓이고, '업'의 ㅂ은 '어'의 아래에 놓는 것과 같습니다.

훈민정음 창제 당시에 '자음'으로 ㆆ(여린히읗)과 ㅇ(이응)은 서로 유사하여 언어(諺語)에서 통용될 수 있습니다. 반혓소리는 가볍고 무거운 두 음이 있어서 운서(韻書:한자운을 기준으로 한자를 분류한 사전)에서는 자음과 모음을 하나만 사용했던 반면, 우리말(훈민정음 원문에 且國語雖不分輕重皆得成音라고 명기되어 있습니다. 훈민정음을 '언어'로, 한문을 '문어'라고 지칭했던 당시엔 별도로 '우리말'이 존재한 것을 알 수 있습니다.)은 가벼움과 무거움으로 나누지 않아도 모든 소리가 이뤄집니다.

예를 들면 입술가벼운소리의 ㅇ에 이어 ㄹ을 아래에 붙여 쓰면 '반입술가벼운소리'가 되는데 혀가 윗잇몸에 잠깐 붙는 것입니다. ·와 ㅡ가 ㅣ소리로 나는 건 우리말에서는 사용하지 않는데 어린아이들이 쓰는 말이나 시골에서 사용되는 말 중에는 있을 수 있습니다.

결론적으로, 자음은 모음의 왼쪽과 위에 있는 것입니다. 모음이 자음에 붙는 것인데 모음을 자음의 아래에 쓰거나 자음의 오른쪽에 씁니다. 받침은 자음과 모음 아래에 붙여서 씁니다.

백성들에겐 소리는 있으나 글자가 없어 글자 소통이 불가능했는데 훈민정음이 만들어짐으로서 수천년 큰동쪽나라[30]에 대해 알 수 없던 것들을 알 수 있게 되었습니다(훈민정음 원문 한자 설명 大東千古開朦朧).

필자 주

자음이나 모음, 받침에서 두 자, 세 자 합하여 쓰는 방식도 언어(諺語: 조선시대에 한문을 가리키던 '문어文語'와 상대되는 말)로서 존재했으나 현대 한글에서는 사용하지 않으므로 이 책에서는 제외했습니다.

'언어'에 평성, 상성, 거성, 입성이 존재합니다. 활이 弓(궁)이 되는 것은 평성, :돌이 石(석)이 되는 건 상성, 칼이 刀(도)가 되는 건 거성, 붓이 筆(필)이 되는 건 입성과 같습니다.

모든 글자의 왼쪽에 점을 하나 더하면 거성, 점을 두 개 더하면 상성, 점이 없으면 평성입니다. 언어(諺語)에서 '입성'은 정해진 게 없고 '평성', '상성', '거성'과 비슷하게 됩니다.

'평성'은 편안하고 부드러우니 '봄'으로 만물이 서서히 자라나고 커지는 것이고, '상성'은 부드러우며 일어서는 것이니 '여름'으로 만물이 점점 우거지는 것이며, '거성'은 일어서며 견고해지니 '가을'이며, 만물이 성숙하게 되는 것입니다. '입성'은 빠르고 막는 것이니 '겨울'이며 만물이 드러나지 않고 감춰지는 것으로, 언어에서 4성은 4계절에 비유됩니다.

---

30) '시경(詩經)' 203 대동(大東)에 의하면 대동(大東)은 대륙 동쪽 지역을 차지하던 나라인데 여기서 '조선'이라는 사실을 알 수 있다. 대륙 동쪽인지 한반도인지에 대해선 학계 등에서 이론(異論)이 있다.

자음+모음 발음

자음과 모음을 합쳐 만들어지는 글자의 발음을 배우겠습니다.

훈민정음 한글 창제 원리를 기억하며
자음과 모음으로 이뤄진 글자를 발음해 보세요.

홑자음(14자)+홑모음(10자)로 이뤄진 140 글자의 발음을 학습하면
홑자음+홑모음+홑자음으로 이뤄진 글자를 포함하여
홑자음+겹모음, 겹자음+겹모음 등 자음+모음으로 이루어진
새로운 한글 단어를 보더라도 쉽게 발음할 수 있습니다.

또한, 어떤 외국어라도 정확하게 발음할 수 있게 되며
자연의 소리나 인공적으로 만든 어떤 소리라도
한글로 쓸 수 있고 발음할 수 있습니다.

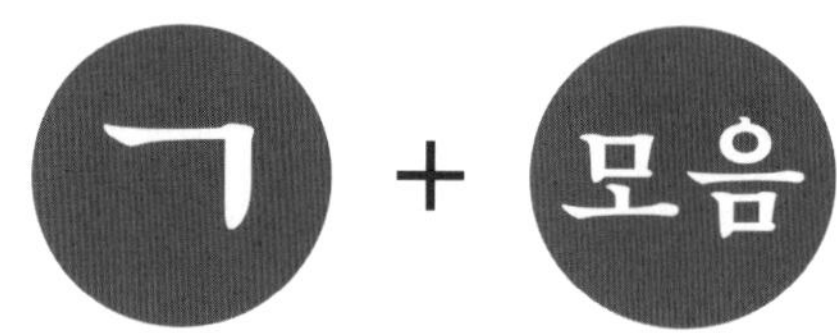

가 GA	가	가				
쟈 GYA	쟈	쟈				
거 GEO	거	거				
겨 GYEO	겨	겨				
고 GO	고	고				
교 GYO	교	교				
구 GOO	구	구				
규 GYU	규	규				
그 GEU	그	그				
기 GI	기	기				

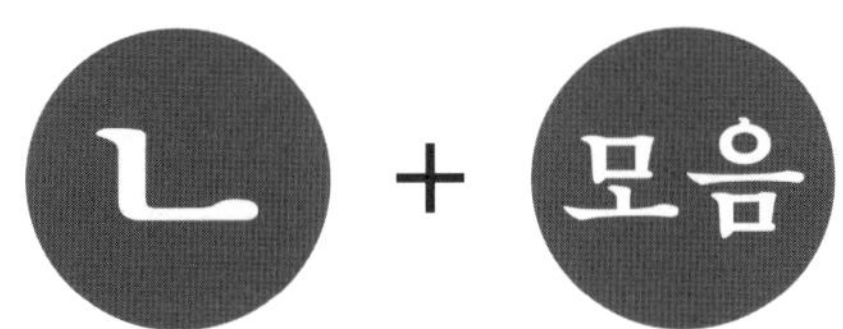

나 NA	나	나					
냐 NYA	냐	냐					
너 NEO	너	너					
녀 NYEO	녀	녀					
노 NO	노	노					
뇨 NYO	뇨	뇨					
누 NOO	누	누					
뉴 NYU	뉴	뉴					
느 NEU	느	느					
니 NI	니	니					

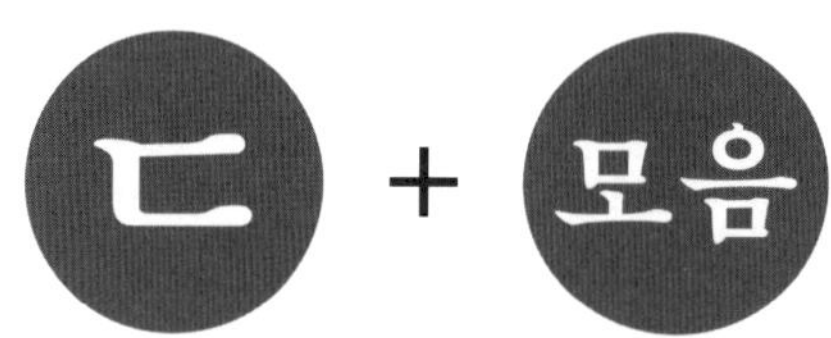 ㄷ + 모음

	다	다				
다 DA	다	다				
댜 DYA	댜	댜				
더 DEO	더	더				
뎌 DYEO	뎌	뎌				
도 DO	도	도				
됴 DYO	됴	됴				
두 DOO	두	두				
듀 DYU	듀	듀				
드 DEU	드	드				
디 DI	디	디				

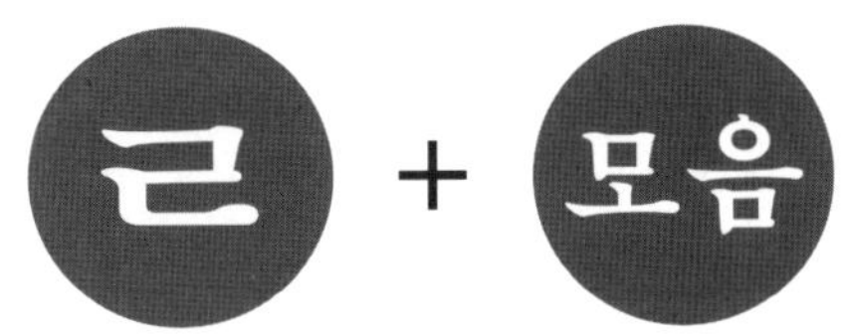

라 LA	라	라				
랴 LYA	랴	랴				
러 LEO	러	러				
려 LYEO	려	려				
로 LO	로	로				
료 LYO	료	료				
루 LOO	루	루				
류 LYU	류	류				
르 LEU	르	르				
리 LI	리	리				

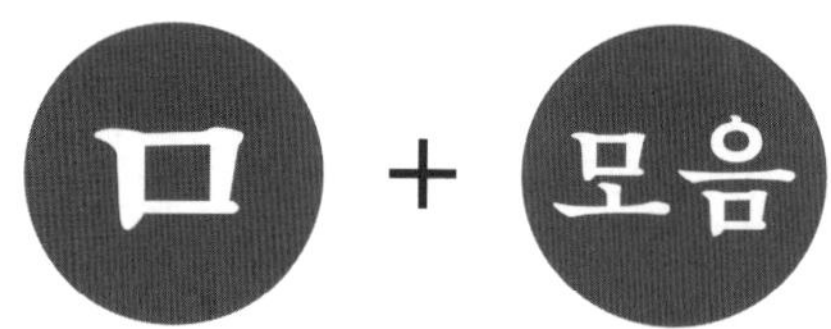

마 MA	마	마				
먀 MYA	먀	먀				
머 MEO	머	머				
며 MYEO	며	며				
모 MO	모	모				
묘 MYO	묘	묘				
무 MOO	무	무				
뮤 MYU	뮤	뮤				
므 MEU	므	므				
미 MI	미	미				

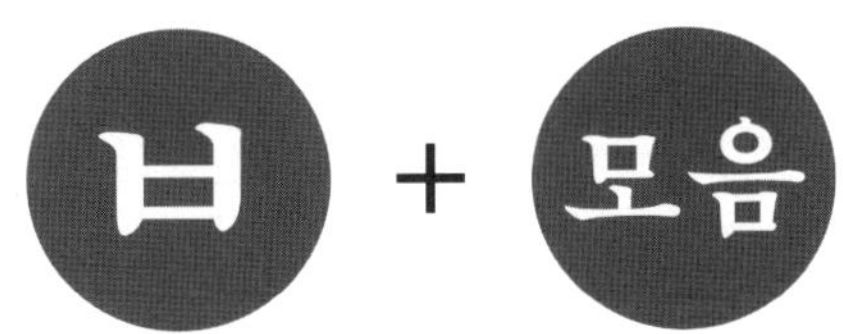

바 BA	바	바				
뱌 BYA	뱌	뱌				
버 BEO	버	버				
벼 BYEO	벼	벼				
보 BO	보	보				
뵤 BYO	뵤	뵤				
부 BOO	부	부				
뷰 BYU	뷰	뷰				
브 BEU	브	브				
비 BI	비	비				

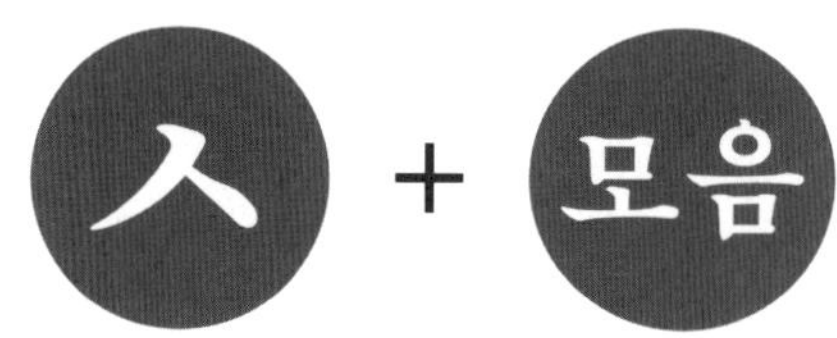

사 SA	사	사				
샤 SYA	샤	샤				
서 SEO	서	서				
셔 SYEO	셔	셔				
소 SO	소	소				
쇼 SYO	쇼	쇼				
수 SOO	수	수				
슈 SYU	슈	슈				
스 SEU	스	스				
시 SI	시	시				

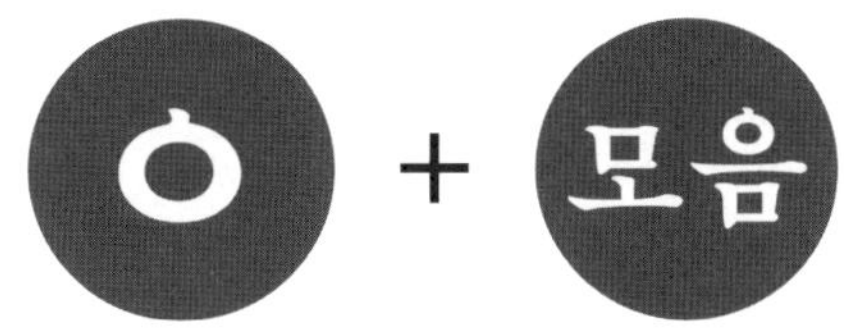

아 A	아	아				
야 YA	야	야				
어 EO	어	어				
여 YEO	여	여				
오 O	오	오				
요 YO	요	요				
우 OO	우	우				
유 YU	유	유				
으 EU	으	으				
이 I	이	이				

자 JA	자	자				
쟈 JYA	쟈	쟈				
저 JEO	저	저				
져 JYEO	져	져				
조 JO	조	조				
죠 JYO	죠	죠				
주 JOO	주	주				
쥬 JYU	쥬	쥬				
즈 JEU	즈	즈				
지 JI	지	지				

ㅊ + 모음

차 CHA	차	차					
챠 CHYA	챠	챠					
처 CHEO	처	처					
쳐 CHYEO	쳐	쳐					
초 CHO	초	초					
쵸 CHYO	쵸	쵸					
추 CHOO	추	추					
츄 CHYU	츄	츄					
츠 CHEU	츠	츠					
치 CHI	치	치					

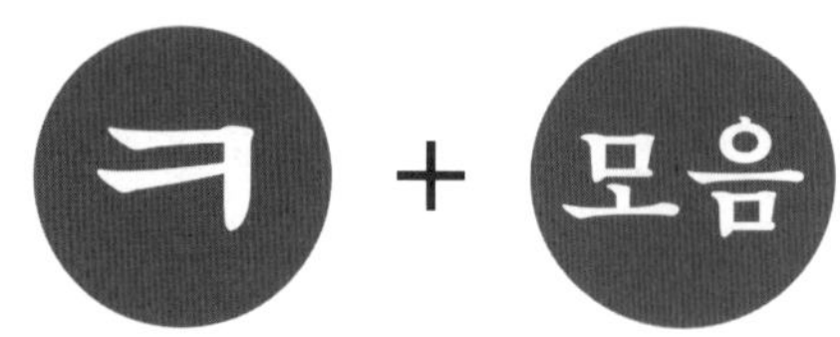# ㅋ + 모음

카 KA	카	카			
캬 KYA	캬	캬			
커 KEO	커	커			
켜 KYEO	켜	켜			
코 KO	코	코			
쿄 KYO	쿄	쿄			
쿠 KOO	쿠	쿠			
큐 KYU	큐	큐			
크 KEU	크	크			
키 KI	키	키			

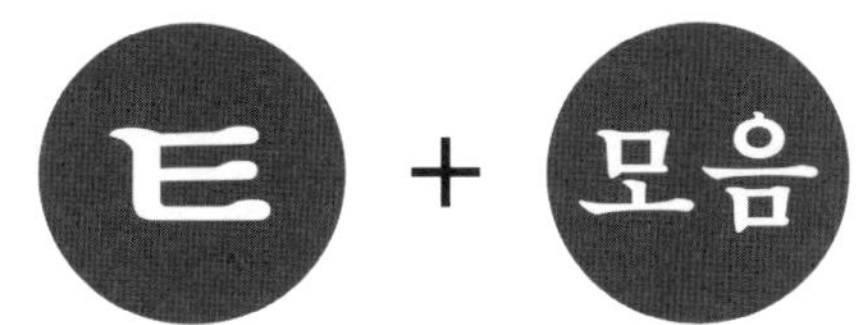

타 TA	타	타				
탸 TYA	탸	탸				
터 TEO	터	터				
텨 TYEO	텨	텨				
토 TO	토	토				
툐 TYO	툐	툐				
투 TOO	투	투				
튜 TYU	튜	튜				
트 TEU	트	트				
티 TI	티	티				

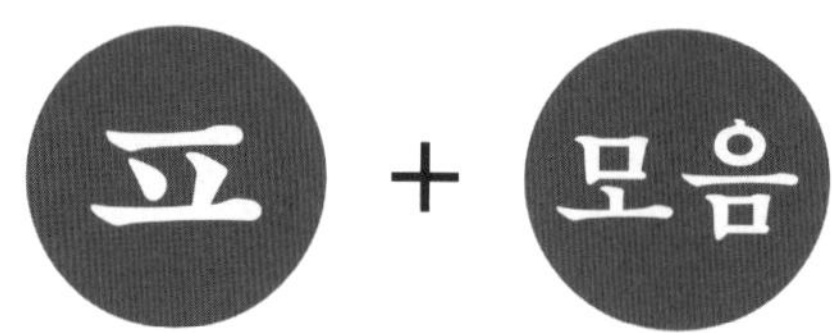

파 PA	파	파				
퍄 PYA	퍄	퍄				
퍼 PEO	퍼	퍼				
펴 PYEO	펴	펴				
포 PO	포	포				
표 PYO	표	표				
푸 POO	푸	푸				
퓨 PYU	퓨	퓨				
프 PEU	프	프				
피 PI	피	피				

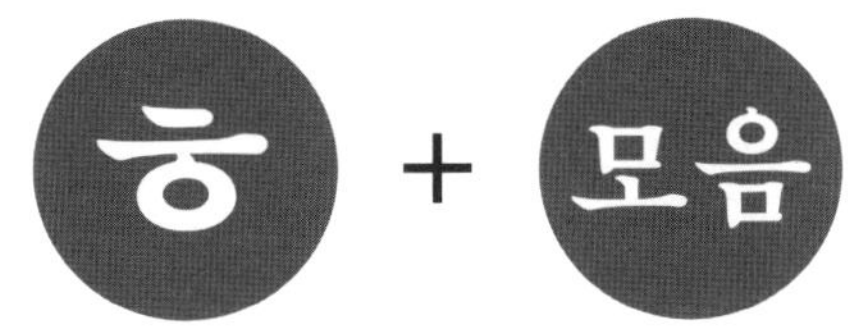

하 HA	하	하				
햐 HYA	햐	햐				
허 HEO	허	허				
혀 HYEO	혀	혀				
호 HO	호	호				
효 HYO	효	효				
후 HOO	후	후				
휴 HYU	휴	휴				
흐 HEU	흐	흐				
히 HI	히	히				

케이팝 노래 가사에 많이 사용되는
생활 한국어 단어장

지금부터는 앞에서 배운 한글 자음과 모음, 받침 사용법을 바탕으로
케이팝 노래 가사에 사용되는 생활 한국어를 학습하겠습니다.

ㄱ부터 ㅎ까지 자음 14자 순서대로 단어의 뜻과 글자를 학습하면
인기있는 노래부터 최신 케이팝 히트곡까지 따라 부를 수 있고
좋아하는 가수의 노래 가사에 담긴 뜻을 더욱 쉽게 이해할 수 있습니다.

단어는 '생활 한국어 | 로마자 표기 | 영어 | 일본어 | 중국어 | 베트남어 | 태국어'
순서로 되어 있어서 한국어 단어의 뜻을 모국어로 쉽게 이해할 수 있습니다.
'한국어'를 '한글'이라고 부릅니다.
한글 단어를 영어/일본어/중국어/태국어/베트남어로 번역하면서 최대한 비슷한
의미의 단어를 골랐습니다만 사전적 단어와 일상생활 용어의 차이가 존재할 수 있으며
오탈자 등이 존재할 경우 다음 쇄에서 반영하겠습니다.

' ㄱ '

가까운   **ga-kka-un**

close / near ∣ 近い ∣ 近的 ∣ Gần ∣ ใกล้

가까운			

가벼운   **ga-byeo-un**

light ∣ 軽い ∣ 轻的 ∣ Nhẹ ∣ เบา

가벼운			

가슴   **ga-seum**

chest / heart ∣ 胸 ∣ 胸膛 ∣ Ngực ∣ หน้าอก

가슴			

가슴 아파   **ga-seum a-pa**

my heart hurts ∣ 胸が痛い ∣ 心痛 ∣ Tim đau ∣ อกหัก

가슴 아파			

강한　gang-han

strong I 強い I 強的 I Mạnh mẽ I แข็งแรง

강한			

거리　geo-ri

street / distance I 道 / 距離 I 街道 / 距离 I Đường / Phạm vi I ถนน / ระยะห่าง

거리			

거리감　geo-ri-gam

sense of distance I 距離感 I 距离感 I Cảm giác xa cách I ความห่างเหิน

거리감			

고마운　go-ma-un

thankful I ありがたい I 感激的 I Biết ơn I รู้สึกขอบคุณ

고마운			

고마워 — go-ma-wo

Thank you ㅣ ありがとう ㅣ 谢谢 ㅣ Cảm ơn ㅣ ขอบคุณ

고마워			

고백 — go-baek

confession ㅣ 告白 ㅣ 告白 ㅣ Tỏ tình ㅣ สารภาพรัก

고백			

고통 — go-tong

pain ㅣ 苦しみ ㅣ 痛苦 ㅣ Nỗi đau ㅣ ความเจ็บปวด

고통			

공간 — gong-gan

space ㅣ 空間 ㅣ 空间 ㅣ Không gian ㅣ พื้นที่

공간			

기다릴게   **gi-da-ril-ge**

I'll wait ㅣ 待ってるよ ㅣ 我会等你 ㅣ Anh sẽ chờ ㅣ ฉันจะรอ

기다릴게			

기대고 싶어   **gi-dae-go si-peo**

I want to lean on ㅣ 寄りかかりたい ㅣ 想依靠 ㅣ Muốn tựa vào ㅣ อยากพิง

기대고 싶어			

기쁜   **gi-ppeun**

joyful ㅣ 嬉しい ㅣ 高兴的 ㅣ Vui mừng ㅣ ดีใจ

기쁜			

기쁨   **gi-ppeum**

joy ㅣ 喜び ㅣ 喜悦 ㅣ Niềm vui ㅣ ความสุข

기쁨			

memory ｜ 記憶 ｜ 记忆 ｜ Ký ức ｜ ความทรงจำ

기억			

기억력　**gi-eok-ryeok**

memory ability ｜ 記憶力 ｜ 记忆力 ｜ Trí nhớ ｜ ความจำ

기억력			

'ㄴ'

나　**na**

I / me ｜ 私 ｜ 我 ｜ Tôi ｜ ฉัน

나			

na-ppeun

bad ㅣ 悪い ㅣ 坏的 ㅣ Xấu ㅣ แย่

나쁜			

낮선

nat-seon

unfamiliar ㅣ 見知らぬ ㅣ 陌生的 ㅣ Lạ lẫm ㅣ ไม่คุ้นเคย

낮선			

너

neo

you ㅣ 君 / あなた ㅣ 你 ㅣ Cậu / Bạn ㅣ คุณ

너			

눈

nun

eye / snow ㅣ 目 / 雪 ㅣ 眼睛 / 雪 ㅣ Mắt / Tuyết ㅣ ตา / หิมะ

눈			

눈물　　nun-mul

tears ǀ 涙 ǀ 眼泪 ǀ Nước mắt ǀ น้ำตา

눈물			

눈빛　　nun-bit

look in eyes ǀ 目つき ǀ 眼神 ǀ Ánh mắt ǀ แววตา

눈빛			

느껴 봐　　neu-k-kyeo bwa

try to feel ǀ 感じてみて ǀ 试着感受 ǀ Hãy cảm nhận ǀ ลองรู้สึกด

느껴 봐			

느낌　　neu-k-kim

feeling ǀ 感覚 / 感じ ǀ 感觉 ǀ Cảm giác ǀ ความรู้สึก

느낌			

'⊏'

다가가   **da-ga-ga**

approach ｜ 近づいて ｜ 靠近 ｜ Tiến đến ｜ เข้าไปหา

다가가			

다시 시작해   **da-si si-jak-hae**

start again ｜ やり直そう ｜ 重新開始 ｜ Bắt đầu lại ｜ เริ่มใหมอีกครั้ง

다시 시작해			

단순한   **dan-sun-han**

simple ｜ 単純な ｜ 简单的 ｜ Đơn giản ｜ เรียบง่าย

단순한			

달려가   **dal-lyeo-ga**

run to ｜ 走って行く ｜ 跑过去 ｜ Chạy đến ｜ วิ่งไปหา

달려가			

달콤한   **dal-kom-han**

sweet ㅣ 甘い ㅣ 甜美的 ㅣ Ngọt ngào ㅣ หวาน

달콤한			

답답한   **dap-dap-han**

frustrated ㅣ もどかしい / 苛立つ ㅣ 郁闷的 ㅣ Ngột ngạt ㅣ อึดอัด

답답한			

도망쳐   **do-mang-chyeo**

run away ㅣ 逃げて ㅣ 逃跑吧 ㅣ Chạy trốn đi ㅣ หนีไป

도망쳐			

돌아와   **do-ra-wa**

come back ㅣ 戻ってきて ㅣ 回来 ㅣ Quay về ㅣ กลับมา

돌아와			

되돌려줘 — doe-dol-lyeo-jwo

give it back ㅣ 返して ㅣ 还给我 ㅣ Trả lại ㅣ เอาคืนมา

되돌려줘			

'2'

라라라 — ra-ra-ra

la la la ㅣ ラララ ㅣ 啦啦啦 ㅣ la la la ㅣ ลา ลา ลา

라라라			

라이트 — ra-i-teu

light ㅣ ライト ㅣ 光 ㅣ ánh sáng ㅣ แสง

라이트			

life ｜ ライフ ｜ 人生 ｜ cuộc sống ｜ ชีวิต

라이프			

lover ｜ ラバー ｜ 情人 ｜ người yêu ｜ คนรัก

러버			

love ｜ ラブ ｜ 愛 ｜ tình yêu ｜ ความรัก

러브			

rain ｜ レイン ｜ 雨 ｜ mưa ｜ ฝน

레인			

 ro-maen-seu

romance | ロマンス | 浪漫 | lãng mạn | ความโรแมนติก

로맨스			

루저 **ru-jeo**

loser | ルーザー | 失敗者 | kẻ thua cuộc | คนขี้แพ้

루저			

리멤버 **ri-maem-beo**

remember | リメンバー | 记得 | nhớ | จำได้

리멤버			

리플레이 **ri-peul-le-i**

replay | リプレイ | 重播 | phát lại | เล่นซ้ำ

리플레이			

' ㅁ '

마음   ma-eum

heart / mind ㅣ 心 ㅣ 心 ㅣ Trái tim / Tâm trí ㅣ จิตใจ

마음			

마음 속   ma-eum-sok

in the heart ㅣ 心の中 ㅣ 内心 ㅣ Trong lòng ㅣ ในใจ

마음 속			

마주쳐   ma-ju-chyeo

bump into / meet ㅣ 出会う ㅣ 偶遇 ㅣ Gặp phải ㅣ เจอโดยบังเอิญ

마주쳐			

말해 쥐   mal-haejwo

tell me ㅣ 言って ㅣ 告诉我 ㅣ Hãy nói cho tôi ㅣ บอกฉัน

말해 줘			

멀어진 meol-eo-jin

become distant ㅣ 離れた ㅣ 疏远的 ㅣ Trở nên xa cách ㅣ ห่างไกล

멀어진			

멈추지 마 meom-chu-ji ma

don't stop ㅣ 止まらないで ㅣ 不要停下 ㅣ Đừng dừng lại ㅣ อย่าหยุด

멈추지 마			

미소 mi-so

smile ㅣ 微笑み ㅣ 微笑 ㅣ Nụ cười ㅣ รอยยิ้ม

미소			

미안해 mi-an-hae

I'm sorry ㅣ ごめん ㅣ 对不起 ㅣ Xin lỗi ㅣ ขอโทษ

미안해			

미운	mi-un

hateful ㅣ 憎い ㅣ 讨厌的 ㅣ Ghét ㅣ น่ารังเกียจ

미운			

'**ㅂ**'

바라봐	ba-ra-bwa

look at ㅣ 見つめて ㅣ 看着我 ㅣ Nhìn tôi đi ㅣ มองฉันสิ

바라봐			

바람	ba-ram

wind ㅣ 風 ㅣ 风 ㅣ Gió ㅣ ลม

바람			

fool ㅣ ばか ㅣ 傻瓜 ㅣ Ngốc nghếch ㅣ คนโง่

바보			

방향　bang-hyang

direction ㅣ 方向 ㅣ 方向 ㅣ Phương hướng ㅣ ทิศทาง

방향			

보고 싶어　bo-go si-peo

I miss you ㅣ 会いたい ㅣ 想你 ㅣ Nhớ bạn ㅣ คิดถึง

보고 싶어			

복잡한　bok-jap-han

complicated ㅣ 複雑な ㅣ 复杂的 ㅣ Phức tạp ㅣ ซับซ้อน

복잡한			

불편한　　　bul-pyeon-han

uncomfortable ｜ 不快な ｜ 不舒服的 ｜ Bất tiện ｜ ไม่สะดวก

불편한			

붙잡고 싶어　　　but-jap-go si-peo

want to hold on ｜ つかまえていたい ｜ 想抓住 ｜ Muốn giữ lại ｜ อยากคว้าไว้

붙잡고 싶어			

붙잡아　　　but-jap-a

hold on ｜ つかまえて ｜ 抓住 ｜ Nắm lấy ｜ คว้าไว้

붙잡아			

빛　　　bit

light ｜ 光 ｜ 光 ｜ Ánh sáng ｜ แสง

빛			

빛나 줘   **bit-na jwo**

shine for me ┃ 輝いて ┃ 为我闪耀 ┃ Hãy toả sáng ┃ ส่องแสงให้ฉัน

빛나 줘			

사라져   **sa-ra-jyeo**

disappear ┃ 消えて ┃ 消失吧 ┃ Biến mất đi ┃ หายไป

사라져			

사라지지 마   **sa-ra-ji-ji ma**

don't disappear ┃ 消えないで ┃ 不要消失 ┃ Đừng biến mất ┃ อย่าหายไป

사라지지 마			

사랑   **sa-rang**

love ｜ 愛 ｜ 爱 ｜ Tình yêu ｜ ความรัก

사랑			

사랑할게   **sa-rang-hal-ge**

I'll love you ｜ 愛するよ ｜ 我会爱你 ｜ Sẽ yêu em ｜ จะรักคุณ

사랑할게			

사랑해   **sa-rang-hae**

I love you ｜ 愛してる ｜ 我爱你 ｜ Anh yêu em / Em yêu anh ｜ ฉันรักคุณ

사랑해			

살고 싶어   **sal-go si-peo**

want to live ｜ 生きたい ｜ 想活着 ｜ Muốn sống ｜ อยากมีชีวิตอยู่

살고 싶어			

생각　　saeng-gak

thought ㅣ 考え ㅣ 想法 ㅣ Suy nghĩ ㅣ ความคิด

생각			

서러운　　seo-reo-un

sorrowful ㅣ 悲しい ㅣ 悲伤的 ㅣ Buồn tủi ㅣ เศร้าสร้อย

서러운			

선명한　　seon-myeong-han

vivid ㅣ 鮮明な ㅣ 鮮明的 ㅣ Rõ nét ㅣ ชัดเจน

선명한			

설레는　　seol-le-neun

fluttering ㅣ ときめく ㅣ 心动的 ㅣ Hồi hộp ㅣ ใจเต้น

설레는			

설레어 **seol-le-eo**

fluttering ∣ ときめいて ∣ 心动了 ∣ Xao xuyến ∣ ใจเต้นแรง

설레어			

세상 **se-sang**

world ∣ 世界 ∣ 世界 ∣ Thế giới ∣ โลก

세상			

소망 **so-mang**

wish / hope ∣ 願い / 希望 ∣ 愿望 ∣ Mong ước ∣ ความปรารถนา

소망			

소중한 **so-jung-han**

precious ∣ 大切な ∣ 珍贵的 ∣ Quý giá ∣ มีค่า

소중한			

손   **son**

hand ǀ 手 ǀ 手 ǀ Bàn tay ǀ มือ

손			

숨겨 줘   **sum-gyeo jwo**

hide me ǀ 隠して ǀ 藏起来 ǀ Hãy giấu đi ǀ ซ่อนฉันที

숨겨 줘			

슬픈   **seul-peun**

sad ǀ 悲しい ǀ 伤心的 ǀ Buồn ǀ เศร้า

슬픈			

슬픔   **seul-peum**

sadness ǀ 悲しみ ǀ 悲伤 ǀ Nỗi buồn ǀ ความเศร้า

슬픔			

아름다운 — a-reum-da-un

beautiful ǀ 美しい ǀ 美丽的 ǀ Xinh đẹp ǀ สวยงาม

아름다운			

아픈 — a-peun

painful / sick ǀ 痛い / 痛む ǀ 痛苦的 ǀ Đau / Bệnh ǀ เจ็บ / ป่วย

아픈			

안고 싶어 — an-go si-peo

want to hug ǀ 抱きしめたい ǀ 想抱你 ǀ Muốn ôm ǀ อยากกอด

안고 싶어			

안고 있을게 — an-go i-sseul-ge

I'll hold you ǀ 抱いているよ ǀ 我会抱着你 ǀ Sẽ ôm em ǀ จะกอดคุณไว

안고 있을게			

안아 줘   **an-a jwo**

hug me ǀ 抱きしめて ǀ 抱抱我 ǀ Ôm em đi ǀ กอดฉันที

안아 줘			

애튯한   **ae-teut-han**

affectionate ǀ 切ない ǀ 深情的 ǀ Thiết tha ǀ เศร้าแตรัก

애튯한			

어두운   **eo-du-un**

dark ǀ 暗い ǀ 黑暗的 ǀ Tối tăm ǀ มืด

어두운			

어둠   **eo-dum**

darkness ǀ 闇 ǀ 黑暗 ǀ Bóng tối ǀ ความมืด

어둠			

언젠가　eon-jen-ga

someday ｜ いつか ｜ 某天 ｜ Một ngày nào đó ｜ สักวันหนึ่ง

언젠가			

얼굴　eol-gul

face ｜ 顔 ｜ 脸 ｜ Gương mặt ｜ ใบหน้า

얼굴			

영원한　yeong-won-han

eternal ｜ 永遠の ｜ 永恒的 ｜ Vĩnh cửu ｜ ชั่วนิรันดร์

영원한			

예쁜　ye-ppeun

pretty ｜ かわいい / 綺麗な ｜ 漂亮的 ｜ Xinh ｜ น่ารัก

예쁜			

예수   ye-su

Jesus | イエス | 耶穌 | Chúa Giêsu | พระเยซู

예수			

오늘   o-neul

today | 今日 | 今天 | Hôm nay | วันนี้

오늘			

온기   on-gi

warmth | 温もり | 温暖 | Sự ấm áp | ความอบอุ่น

온기			

외로운   oe-ro-un

lonely | 寂しい | 孤独的 | Cô đơn | เหงา

외로운			

외로움 oe-ro-um

loneliness ǀ 孤独 ǀ 孤独 ǀ Nỗi cô đơn ǀ ความเหงา

외로움			

외쳐 봐 oe-chyeo bwa

try shouting ǀ 叫んでみて ǀ 试着喊出 ǀ Thử hét lên ǀ ลองตะโกนด

외쳐 봐			

외치고 싶어 oe-chi-go si-peo

want to shout ǀ 叫びたい ǀ 想呐喊 ǀ Muốn hét lên ǀ อยากตะโกน

외치고 싶어			

울고 있어 ul-go i-sseo

crying ǀ 泣いてる ǀ 正在哭 ǀ Đang khóc ǀ กำลังร้องไห้

울고 있어			

ul-ji ma

don't cry ㅣ 泣かないで ㅣ 別哭 ㅣ Đừng khóc ㅣ อย่าร้องไห้

울지 마			

웃어 줘

ut-eo jwo

smile for me ㅣ 笑って ㅣ 笑一笑 ㅣ Cười lên đi ㅣ ยิ้มให้ฉันที

웃어 줘			

이끌어 줘

i-kkeul-eo jwo

lead me ㅣ 導いて ㅣ 带领我 ㅣ Dẫn lối cho em ㅣ นำทางฉัน

이끌어 줘			

이름

i-reum

name ㅣ 名前 ㅣ 名字 ㅣ Tên ㅣ ชื่อ

이름			

i-ya-gi

story ㅣ 話 / 物語 ㅣ 故事 ㅣ Câu chuyện ㅣ เรื่องราว

이야기			

i-yu

reason ㅣ 理由 ㅣ 理由 ㅣ Lý do ㅣ เหตุผล

이유			

i-hae-hae

I understand ㅣ わかってる ㅣ 我懂 ㅣ Hiểu rồi ㅣ เข้าใจ

이해해			

ik-suk-han

familiar ㅣ 慣れた ㅣ 熟悉的 ㅣ Quen thuộc ㅣ คุ้นเคย

익숙한			

forget me ㅣ 忘れて ㅣ 忘了我吧 ㅣ Hãy quên anh đi ㅣ **ลืมฉันเถอะ**

잊어 줘			

잊지 마   **it-ji ma**

don't forget ㅣ 忘れないで ㅣ 別忘了 ㅣ Đừng quên ㅣ **อย่าลืม**

잊지 마			

'ㅈ'

자유   **ja-yu**

freedom ㅣ 自由 ㅣ 自由 ㅣ Tự do ㅣ **เสรีภาพ**

자유			

잘못   **jal-mot**

fault / mistake ᛁ 過ち ᛁ 错误 ᛁ lỗi ᛁ ผิดพลาด

잘못			

잠시   **jam-si**

for a moment ᛁ しばらく ᛁ 暫时 ᛁ tạm thời ᛁ ชั่วครู่

잠시			

잡지   **jap-ji**

to hold / to catch ᛁ つかむ ᛁ 抓住 ᛁ bắt, giữ ᛁ จับ

잡지			

잦은   **ja-jeun**

frequent ᛁ 頻繁な ᛁ 频繁的 ᛁ thường xuyên ᛁ บ่อยครั้ง

잦은			

저절로 **jeo-jeol-lo**

automatically / by itself ｜ 自然に ｜ 自然而然地 ｜ tự nhiên ｜ โดยอัตโนมัติ

저절로			

조각 **jo-gak**

fragment ｜ かけら ｜ 碎片 ｜ Mảnh vỡ ｜ เศษ

조각			

조용한 **jo-yong-han**

quiet ｜ 静かな ｜ 安静的 ｜ Yên tĩnh ｜ เงียบสงบ

조용한			

존재 **jon-jae**

existence ｜ 存在 ｜ 存在 ｜ Sự tồn tại ｜ การมีอยู่

존재			

지금 — **ji-geum**

now ǀ 今 ǀ 现在 ǀ bây giờ ǀ ตอนนี้

지금			

지워 줘 — **ji-wojwo**

erase it ǀ 消して ǀ 请抹去 ǀ Hãy xoá đi ǀ ลบออกไป

지워 줘			

지친 — **ji-chin**

tired ǀ 疲れた ǀ 疲惫的 ǀ Mệt mỏi ǀ เหนื่อย

지친			

지켜 줄게 — **ji-kyeo jul-ge**

I'll protect you ǀ 守ってあげる ǀ 我会保护你 ǀ Anh sẽ bảo vệ em ǀ จะปกป้องเธอ

지켜 줄게			

진심　jin-sim

sincerity ｜ 本気 / 真心 ｜ 真心 ｜ Chân thành ｜ ความจริงใจ

진심			

짙은　ji-teun

deep / dark ｜ 濃い ｜ 浓的 ｜ Đậm ｜ เข้ม

짙은			

' ㅊ '

차가운　cha-ga-un

cold ｜ 冷たい ｜ 冰冷的 ｜ Lạnh ｜ เย็นชา

차가운			

차분한　　cha-bun-han

calm ｜ 落ち着いた ｜ 沈着的 ｜ Điềm đạm ｜ สงบ

차분한			

채워 줘　　chae-wo jwo

fill me ｜ 満たして ｜ 填满我 ｜ Hãy lấp đầy ｜ เติมเต็มให้ฉัน

채워 줘			

추억　　chu-eok

memory / reminiscence ｜ 思い出 ｜ 回忆 ｜ Kỷ niệm ｜ ความทรงจำ

추억			

충만한　　chung-man-han

abundant / full ｜ 満ちた ｜ 充满的 ｜ Tràn đầy ｜ เปี่ยมล้น

충만한			

' ㅋ '

커져   keo-jyeo

grow bigger ㅣ 大きくなる ㅣ 变得更大 ㅣ trở nên lớn hơn ㅣ โตขึ้น

커져			

커져 가   keo-jyeo ga

growing bigger ㅣ 大きくなっていく ㅣ 变大 ㅣ càng lớn lên ㅣ ยิ่งใหญ่ขึ้น

커져 가			

컨트롤   keon-teu-rol

control ㅣ コントロール ㅣ 控制 ㅣ kiểm soát ㅣ ควบคุม

컨트롤			

케이팝   ke-i-pap

K-pop ㅣ K-POP ㅣ 韩流 ㅣ nhạc K-pop ㅣ เคป็อป

케이팝			

쿨하게   **kul-ha-ge**

coolly / like a cool person ᅵ クールに ᅵ 酷 ᅵ một cách ngầu ᅵ อย่างเท

쿨하게			

쿵쿵   **kung-kung**

thump thump ᅵ ドンドン ᅵ 咚咚 ᅵ thình thịch ᅵ ตุบตุบ

쿵쿵			

크게   **keu-ge**

loudly / big ᅵ 大きく ᅵ 大声地 ᅵ to / lớn ᅵ ดัง / ใหญ่

크게			

크다   **keu-da**

big ᅵ 大きい ᅵ 大 ᅵ lớn ᅵ ใหญ่

크다			

| 클로즈 | keul-lo-jeu |

close | クローズ | 关闭 | đóng / gần | ปิด / ใกล้

클로즈			
클로즈			

'ㅌ'

| 타깃 | ta-git |

target | ターゲット | 目标 | mục tiêu | เป้าหมาย

타깃			
타깃			

| 타다 | ta-da |

burn / ride | 燃える / 乗る | 燃烧 / 骑 | cháy / cưỡi | ลุกไหม้ / ขี่

타다			
타다			

타락　　ta-rak

corruption / fall ㅣ 堕落 ㅣ 堕落 ㅣ suy đồi ㅣ ความเสื่อม

타락			

타오르다　　ta-o-reu-da

burn / blaze ㅣ 燃える ㅣ 燃烧 ㅣ bùng cháy ㅣ ลุกไหม้

타오르다			

타임　　ta-im

time ㅣ タイム ㅣ 时间 ㅣ thời gian ㅣ เวลา

타임			

태양　　tae-yang

sun ㅣ 太陽 ㅣ 太阳 ㅣ mặt trời ㅣ พระอาทิตย์

태양			

터질 듯 **teo-jil deut**

about to explode ｜ 爆発しそう ｜ 快要爆炸 ｜ sắp vỡ tung ｜ จะระเบิดออกมา

터질 듯			

터치 **teo-chi**

touch ｜ タッチ ｜ 触碰 ｜ chạm ｜ สัมผัส

터치			

투나잇 **tu-na-it**

tonight ｜ トゥナイト ｜ 今晩 ｜ tối nay ｜ คืนนี้

투나잇			

튀다 **twi-da**

pop / stand out ｜ 跳ねる / 目立つ ｜ 跳 / 突出 ｜ bật lên / nổi bật ｜ เด่น / กระเด็น

튀다			

' ㅍ '

파도　　pa-do

wave | 波 | 波浪 | sóng | คลื่น

파도			

파티　　pa-ti

party | パーティー | 派对 | bữa tiệc | ปาร์ตี้

파티			

퍼펙트　　peo-pek-teu

perfect | パーフェクト | 完美 | hoàn hảo | สมบูรณ์แบบกระเด็น

퍼펙트			

포에버　　po-e-beo

forever | フォーエバー | 永远 | mãi mãi | ตลอดไป

포에버			

expression ǀ 表現 ǀ 表达 ǀ biểu hiện ǀ การแสดงออก

표현			

푸르다   **pu-reu-da**

blue/green/fresh ǀ 青い/緑/新鮮だ ǀ 青/绿/新鲜 ǀ xanh/tươi ǀ สีเขียว/สดใส

푸르다			

플레이   **peul-le-i**

play ǀ プレイ ǀ 玩/演奏 ǀ chơi/phát ǀ เล่น

플레이			

피어나   **pi-eo-na**

bloom ǀ 咲く ǀ 绽放 ǀ nở ra ǀ เบ่งบาน

피어나			

필요해　pil-yo-hae

I need you / need ｜ 必要だ ｜ 需要 ｜ cần ｜ ต้องการ

필요해			

'ㅎ'

하늘　ha-neul

sky ｜ 空 ｜ 天空 ｜ Bầu trời ｜ ท้องฟ้า

하늘			

하루　ha-ru

a day ｜ 一日 ｜ 一天 ｜ Một ngày ｜ หนึ่งวัน

하루			

행복
haeng-bok

happiness ㅣ 幸せ ㅣ 幸福 ㅣ Hạnh phúc ㅣ ความสุข

행복			

행복한
haeng-bok-han

happy ㅣ 幸せな ㅣ 幸福的 ㅣ Hạnh phúc ㅣ มีความสุข

행복한			

헤매고 있어
he-mae-go iss-eo

wandering ㅣ さまよってる ㅣ 在徘徊 ㅣ Đang lạc lối ㅣ หลงทางอยู่

헤매고 있어			

헤어져
he-eo-jyeo

let's break up ㅣ 別れよう ㅣ 分手吧 ㅣ Chia tay thôi ㅣ เลิกกันเถอะ

헤어져			

혼자야   **hon-ja-ya**

I'm alone ∣ 一人だよ ∣ 我一个人 ∣ Một mình thôi ∣ อยู่คนเดียว

혼자야			

흔들리는   **heun-deul-li-neun**

shaking / wavering ∣ 揺れる ∣ 摇晃的 ∣ Lung lay ∣ สั่นไหว

흔들리는			

흔한   **heun-han**

common ∣ ありふれた ∣ 常见的 ∣ Phổ biến ∣ ธรรมดา

흔한			

흘러내려   **heul-leo-nae-ryeo**

flow down ∣ 流れ落ちる ∣ 流下来 ∣ Tuôn trào ∣ ไหลลง

흘러내려			